A arte da guerra

Dados Internacionais de Catalogação na Publicação (CIP)
(Câmara Brasileira do Livro, SP, Brasil)

Sun Tzu : A arte da guerra
tradução de Antônio Celiomar Pinto de Lima
4. ed. Petrópolis, RJ : Vozes, 2014. – (Vozes de Bolso)

7ª reimpressão, 2022.

ISBN 978-85-326-4183-0
Título original: Die Kunst des Krieges
1. Administração 2. Planejamento estratégico
3. Sun Tzu, séc. 6 a.C. Arte da Guerra I. Título
II. Série

08-11822   CDD-658.4012

Índices para catálogo sistemático:
1. Estratégias empresariais : Administração de
empresas   658.4012

Sun Tzu

A arte da guerra

Tradução de Antônio Celiomar
Pinto de Lima

Vozes de Bolso

Sun Tzu – A Arte da Guerra
Tradução realizada a partir do original em alemão
intitulado *Die Kunst des Krieges*, de Werner Schwanfelder

© 2011, Editora Vozes Ltda.
Rua Frei Luís, 100
25689-900 Petrópolis, RJ
www.vozes.com.br
Brasil

Todos os direitos reservados. Nenhuma parte desta obra
poderá ser reproduzida ou transmitida por qualquer forma
e/ou quaisquer meios (eletrônico ou mecânico, incluindo
fotocópia e gravação) ou arquivada em qualquer sistema ou
banco de dados sem permissão escrita da editora.

CONSELHO EDITORIAL

Diretor
Gilberto Gonçalves Garcia

Editores
Aline dos Santos Carneiro
Edrian Josué Pasini
Marilac Loraine Oleniki
Welder Lancieri Marchini

Conselheiros
Francisco Morás
Ludovico Garmus
Teobaldo Heidemann
Volney J. Berkenbrock

Secretário executivo
Leonardo A.R.T. dos Santos

Editoração: Sheila Ferreira Neiva
Diagramação: AG.SR Desenv. Gráfico
Capa: visiva.com.br

ISBN 978-85-326-4183-0

Este livro foi composto e impresso pela Editora Vozes Ltda.

Sumário

I. Planejamento, 7

II. Guerrear, 12

III. Estratégia de ataque, 16

IV. Tática, 21

V. Força, 25

VI. Pontos fortes e pontos fracos, 30

VII. Manobras, 38

VIII. Variantes táticas, 45

IX. O exército em marcha, 49

X. Terreno, 59

XI. As nove situações, 67

XII. Ataque por meio de fogo, 82

XIII. O emprego de espiões, 87

I. Planejamento

1. Diz Sun Tzu: a arte da guerra é de importância decisiva para o Estado.

2. Ela decide sobre vida e morte, traz segurança ou ruína. Nós temos forçosamente de nos ocupar com ela.

3. Ela é determinada por cinco fatores, os quais nós temos de tomar em consideração em nossas reflexões se quisermos avaliar corretamente a situação no campo de batalha:

4. Direito moral, céu, terra, condução e método.

5/6. O Direito moral leva os soldados a seguir incondicionalmente seus superiores e nisto não temer qualquer perigo.

7. Céu significa dia e noite, calor e frio, tempo e estação.

8. Terra significa proximidade e distância, perigo e segurança, estreiteza e amplidão, vida e morte.

9. Condução significa sabedoria, sinceridade, benquerência, coragem e rigor.

10. Método abrange a estruturação hierárquica do exército, o sustento das linhas de reforço e o controle dos gastos militares.

11. Todo comandante tem de estar familiarizado com esses cinco fatores; quem estiver familiarizado com eles, vencerá; quem não estiver familiarizado com eles, perderá.

12. Avalia a situação militar de dois partidos em guerra, perguntando, com base nesses cinco fatores:

13. (1) Qual dos dois governantes tem a seu lado a lei moral? (2) Qual comandante

dispõe das melhores habilidades? (3) De quem é a posição favorecida por céu e terra? (4) De qual lado reina a disciplina mais rigorosa? (5) Qual exército é mais forte? (6) De qual lado os oficiais e soldados são mais bem treinados? (7) Em qual exército são praticados de modo mais consequente a recompensa e o castigo?

14. De posse desses sete critérios eu posso prever vitória e derrota.

15. Um comandante que agir segundo meus conselhos vencerá. Deixa-o ficar em sua função. Um comandante que ignorar meus conselhos perderá. Demite-o.

16. Escuta meu conselho e aproveita, além disto, toda feliz circunstância que se te oferecer.

17. Está pronto a modificar correspondentemente teu plano.

18. Toda a arte da guerra é astúcia e engano.

19. Se fores forte, põe-te de fraco. Se estiveres te movendo, finge inatividade. Se estiveres distante, faze como se estivesses próximo, e, se estiveres próximo, dá a impressão de estares distante.

20. Lança iscas para conduzires o inimigo ao erro. Finge desordem para o derrotares.

21. Se o inimigo ao redor for invulnerável, prepara-te para ele. Se ele for forte, desvia-te dele.

22. Se ele for impetuoso, leva-o ao cansaço. Se ele for reservado, leva-o à arrogância.

23. Não dês trégua ao inimigo. Cria cisão em seu exército.

24. Ataca o inimigo onde ele estiver desprotegido. Move-te até o lugar em que ele não te espera.

25. Esta estratégia conduz à vitória, pois o inimigo permanece sem contar com ela.

26. Quem antes do acontecer da guerra imagina muitas situações tem boas chances de vitória. Quem toma em consideração poucas situações, tem más chances de vitória. Quem age sem pensar, forçosamente perde. Nisto eu posso de antemão reconhecer quem vencerá e quem perderá.

II. Guerrear

1. Diz Sun Tzu: para entrares na guerra tu precisas de mil carros leves e mil carros pesados, cem mil soldados encouraçados e víveres suficientes para mil li. As despesas em casa e na frente de batalha com cola e verniz, carro e armas chegam diariamente a mil onças de prata. É quanto custa o sustento de um exército de dez mil homens.

2. Quando chega a hora da luta e a vitória demora, então as armas ficam embotadas e o espírito de luta desaparece. O cerco de uma cidade esgota as forças do sitiador.

3. Se a luta se alonga, então os recursos do Estado não são suficientes.

4. Tão logo as armas de teus soldados ficam embotadas, seu espírito de luta se enfraque-

ce, tua força se dilui e tua riqueza se consome, outros governantes se aproveitarão da tua situação de carência. Contra o que então se segue não há nem meios nem conselho.

5/6. A condução precipitada de uma guerra é às vezes desvantajosa, porém jamais uma guerra prolongada foi útil a um Estado.

7. Apenas quem está familiarizado com as possíveis consequências de uma guerra malconduzida pode tirar proveito de um conflito bélico.

8. O comandante experiente recruta soldados apenas uma vez e carrega seus carros no máximo duas vezes com víveres.

9. Ele traz de casa o aparato de guerra, porém alimenta seus soldados do chão do inimigo. Assim o exército sempre tem víveres suficientes.

10. Se os cofres do Estado estiverem vazios, então o exército tem de ser mantido de lon-

ge. No entanto, um sustento proveniente de longe traz pobreza para a população.

11. Porém onde está o exército os preços sobem e as posses da população diminuem.

12. Por este meio a carência recai sobre a população.

13/14. Quando isto acontece, a população perde sete décimos de sua renda, enquanto o Estado tem de gastar seis décimos de sua receita total com carros quebrados, cavalos, couraças, elmos, setas e arcos, alabardas e escudos, lanças e coletes, bois de lavoura e carros pesados danificados.

15. Por isto um comandante sagaz saqueia em chão inimigo. Uma carrada de víveres do chão inimigo vale tanto quanto vinte próprias e cinquenta quilos de forragem do chão inimigo vale tanto quanto mil próprios.

16. Os soldados têm de sentir raiva para que matem os inimigos. Eles têm de obter recompensas para que saqueiem o chão inimigo.

17. Portanto, se na luta de carros houverem sido capturados mais de dez carros, recompensa aqueles que capturaram os primeiros carros. Substitui as bandeiras inimigas por tuas próprias e faz uso dos carros junto com os teus próprios. Trata bem os soldados aprisionados.

18. Assim tu te tornas mais forte ao venceres o inimigo.

19. Na condução da guerra conta a vitória rápida, não a luta obstinada, prolongada.

20. O comandante decide, portanto, sobre o destino de seu povo. Dele depende se em seu Estado reina a paz ou o perigo.

III. Estratégia de ataque

1. Diz Sun Tzu: Conquistar um Estado é melhor do que aniquilá-lo; conquistar um exército é melhor do que destroçá-lo; conquistar um regimento, uma companhia ou uma unidade é melhor do que destruí-los.

2. Alcançar cem vitórias em cem batalhas não é a conclusão última da sabedoria. Melhor é romper a resistência inimiga sem luta.

3. O grau mais alto da arte da guerra consiste em ir contra a estratégia do inimigo; em segundo lugar vem o impedi-lo de concentrar suas tropas; em terceiro lugar está o ataque em campo aberto; a pior variante é o cerco de cidades fortificadas.

4. Evita o cerco de cidades fortificadas sempre que possível. A preparação de barricadas, abrigos móveis, aparatos e armas não exige menos do que três meses. Levantar trincheiras contra os muros da cidade exige ainda outros três meses.

5. O comandante que não sabe refrear seu temperamento enviará seus homens como formigas contra a cidade e um terço deles cairá sem que a cidade seja tomada.

6. Por isto o comandante sagaz subjuga as tropas do inimigo sem que se chegue a lutar; ele conquista suas cidades sem sitiá-las; ele precipita seu reino sem extensas batalhas.

7. Sem perder um homem ele subjuga o reino inimigo, de modo que seu triunfo seja intacto. Isto tem de ser o objetivo de toda estratégia de ataque.

8. Na condução da guerra vale o seguinte: se formos dez vezes mais fortes do que o inimigo,

então nós o cercamos; se formos cinco vezes mais fortes, então nós o atacamos; se formos duas vezes mais fortes, então nós introduzimos uma cunha entre suas fileiras.

9. Se formos igualmente fortes, nós podemos oferecer uma batalha; se formos levemente mais fracos, nós podemos nos desviar dele; se não pudemos nos medir com ele, então resta-nos fugir dele.

10. Certamente o mais fraco pode também lutar, porém no final vencerá o mais forte.

11. O comandante é o baluarte do Estado. Se o baluarte oferece proteção ao seu redor, então o Estado é forte; se o baluarte tiver uma fenda, então o Estado é fraco.

12. O governante pode fazer recair o infortúnio sobre seu exército de três modos:

13. (1) dando ao exército a ordem de ataque ou de retirada sem saber que este

não pode seguir a ordem – com isto ele está algemando o exército;

14. (2) intrometendo-se nos detalhes administrativos do exército sem estar familiarizado com suas circunstâncias especiais – com isto ele confunde os soldados;

15. (3) intrometendo-se na condução tática da guerra sem estar familiarizado com o princípio do ajustamento à situação – com isto ele abala a confiança dos soldados.

16. Se o exército estiver confuso e sem confiança, então com certeza os governantes vizinhos são uma ameaça de infortúnio. Assim se introduz a anarquia no exército e se volatilizam as chances de vitória.

17. Por conseguinte, o comandante de um exército vitorioso tem de preencher cinco requisitos: (1) ele tem de saber quando uma luta é e quando não é auspiciosa; (2) ele tem de

saber otimizar o emprego de forças fortes e de forças fracas; (3) ele tem de aliar todos os escalões de seu exército em torno de um objetivo; (4) ele tem de estar mais bem preparado do que o inimigo; (5) ele tem de possuir habilidades militares extraordinárias – seu governante tem de lhe conceder livre curso.

18. Por isto se diz: Se conheces o inimigo e a ti mesmo, então tu não precisas amedrontar-te perante cem batalhas. Se te conheces a ti mesmo, mas não ao inimigo, então vitória e derrota têm igual peso. Se não conheces nem o inimigo nem a ti mesmo, então tu perdes qualquer batalha.

IV. Tática

1. Diz Sun Tzu: Os bons combatentes de outrora cuidavam primeiramente de ser inatacáveis e então esperavam a oportunidade de atacar o inimigo.

2. A própria invulnerabilidade está em nossas mãos, enquanto a vulnerabilidade do inimigo está nas mãos do inimigo.

3. O bom combatente pode tornar-se a si mesmo invulnerável, porém tornar vulnerável o inimigo não está em seu poder.

4. Por isto se diz: É por demais possível saber como se conquista, sem no entanto se estar em condição de o fazer.

5. Quem não quer ser vencido, defende-se. Quem quer vencer, ataca.

6. Quem se defende não tem força suficiente para o ataque; quem ataca tem força em excesso.

7. O defensor sábio recolhe-se nos recantos mais longínquos da terra; o atacante sábio ataca dos mais altos píncaros do céu. De um lado está a capacidade de se defender a si mesmo; de outro, a vitória plena.

8. Apenas ver chances de vitória ali onde qualquer um pode reconhecê-las não é a culminância da arte da guerra.

9. Restringir-se a lutas e vitórias contempladas com o aplauso unânime de todo o reino não é igualmente a culminância da arte da guerra.

10. Poder levantar um minúsculo cabelo não é nenhuma prova de força; reconhecer sol e lua não é ainda nenhuma prova de boa visão;

ouvir o trovão não é ainda prova de uma aguda audição.

11. Segundo a compreensão dos antigos, um combatente sagaz alcança suas vitórias com facilidade.

12. Por conseguinte, suas vitórias não lhe trazem a fama nem de sabedoria nem de coragem.

13. Ele ganha suas batalhas evitando erros. Uma vez que ele evite erros, a vitória lhe está assegurada, pois o inimigo já está de antemão derrotado.

14. O combatente sagaz põe-se em uma posição invulnerável e aguarda então a oportunidade de derrotar o inimigo.

15. É sensato, portanto, buscar primeiramente a luta quando a vitória já está conquistada; é insensato lutar primeiramente para a seguir conquistar a vitória.

16. O comandante sagaz atém-se ao mandamento moral e segue as regras metódicas; assim está em suas mãos a decisão sobre vitória e derrota.

17. Método significa primeiramente medição; em segundo lugar, cálculo; em terceiro lugar, prognose; em quarto lugar, ponderação; em quinto lugar, vitória.

18. A terra dá à luz a medição; a medição, o cálculo; o cálculo, a prognose; a prognose, a ponderação; a ponderação, a vitória.

19. Um exército vitorioso em relação a um exército vencido é como uma libra em relação a um grama.

20. O avanço de um exército vitorioso é como uma poderosa queda d'água. Era o que se podia dizer a respeito da tática.

V. Força

1. Diz Sun Tzu: A condução de um grande exército não se distingue da condução de uma pequena unidade. É meramente uma questão de distribuição.

2. Comandar um grande exército na luta não é diferente de comandar uma pequena unidade. É meramente uma questão de signos e sinais combinados.

3. Se um exército quiser vencer incólume o assalto do inimigo, então ele tem de empregar métodos diretos e indiretos.

4. Se um exército quiser se jogar sobre o inimigo como uma pedra de moinho sobre um ovo, então ele tem de dominar o método dos pontos fortes e dos pontos fracos.

5. Na luta o método direto serve para unir as forças e o indireto serve para alcançar a vitória.

6. A quantidade de métodos indiretos é infinita como céu e terra e inesgotável como os rios e mares. Eles terminam e começam de novo como sol e lua. Eles passam e surgem como as quatro estações.

7. Há apenas cinco tons, porém as melodias que podem ser combinadas a partir deles são tão numerosas, que nós jamais podemos ouvi-las todas.

8. Há apenas cinco cores fundamentais (azul, amarelo, vermelho, branco, preto), porém as mostras que podem ser combinadas a partir delas são tão numerosas, que nós jamais podemos vê-las todas.

9. Há apenas cinco fatores de sabor (azedo, picante, salgado, doce, amargo), porém os sabores que podem ser combinados a partir

deles são tão numerosos, que nós jamais podemos degustá-los todos.

10. Na luta há apenas dois métodos de ataque – o direto e o indireto; porém a partir deles podem ser combinadas manobras em um número infinito.

11. O método direto e o indireto geram-se reciprocamente. Eles formam um círculo interminável. Quem, portanto, poderia jamais esgotar suas possibilidades?

12. Um rio caudaloso leva consigo até mesmo pedras. Assim é o avanço do exército vitorioso.

13. Uma ave de rapina precipita-se sobre sua presa com a rapidez de um relâmpago, a fim de aniquilá-la. Assim é que o exército vitorioso toma suas decisões.

14. O combatente experiente ataca com força e toma suas decisões com maior brevidade.

15. Força é como armar uma alabarda; a decisão é como apertar o gatilho.

16. Uma desordem aparente em uma peleja não tem de maneira nenhuma de indicar uma desordem verdadeira; em meio a confusão e caos tuas fileiras podem não ter começo nem fim e mesmo assim proteger contra a derrota.

17. Desordem simulada exige disciplina; medo simulado, coragem; fraqueza simulada, força.

18. A camuflagem de disciplina sob a aparência de desordem é uma questão de subdivisão; a camuflagem de coragem atrás de uma máscara de medo pressupõe fontes latentes de força; a camuflagem de força por meio de uma fraqueza presumida exige tática.

19. A sublime arte de conduzir o inimigo consiste em seduzi-lo com manobras táticas a determinados passos e lhe oferecer algo de que ele tenha de lançar mão.

20. Com iscas tu o atrais àquele lugar onde tu o apanhas com teus soldados.

21. O comandante sagaz tem em vista força concentrada e não exige demais dos soldados individualmente. Por isto ele pode escolher os homens certos e empregar vantajosamente sua força concentrada.

22. Esta força concentrada se parece com troncos e rochedos rolando. Pois troncos e rochedos permanecem em repouso quando nivelados, porém se movem em declive. Permanecem em repouso quando são angulosos e rolam quando são arredondados.

23. A força de um bom combatente é como o ímpeto de rochedos arredondados rolando de uma alta montanha. Era o que se havia a dizer a respeito da força.

VI. Pontos fortes e pontos fracos

1. Diz Sun Tzu: Quem está por primeiro no campo de batalha e aguarda o inimigo vai para a luta descansado; quem chega por último e tem de se apressar vai esgotado para a luta.

2. Por isto o combatente sagaz impõe ao inimigo sua vontade, porém não permite que este lhe imponha sua vontade.

3. Ao lançar-lhe iscas ele pode levá-lo a chegar mais perto; ao causar-lhe danos ele pode mantê-lo distante.

4. Se o inimigo estiver distraído, ele pode incomodá-lo; se o inimigo tiver uma quantidade suficiente de víveres, ele pode levá-lo

à fome; se o inimigo houver estabelecido seu acampamento, ele pode afugentá-lo.

5. Ele aparece em lugares que forçam o inimigo a correr; ele se desloca com rapidez para lugares nos quais o inimigo não o espera.

6. Um exército pode sem esforço percorrer grandes distâncias quando passa por regiões nas quais o inimigo não está.

7. Tu podes estar seguro do êxito de teus ataques enquanto atacares o inimigo apenas ali onde ele está desprotegido. Tua defesa está fora de perigo enquanto tu apenas defendes posições que são inatacáveis.

8. O atacante sagaz deixa o inimigo em dúvidas quanto ao lugar onde ele deve se defender; o defensor sagaz deixa o inimigo em dúvida quanto ao lugar onde ele pode atacar.

9. Por meio de engano nós ocultamos nossas intenções. Por meio de segredo nós

nos tornamos imperceptíveis. Assim os destinos do inimigo se encontram em nossas mãos.

10. Nosso avanço é irresistível enquanto nós acertarmos o inimigo em seus pontos fracos; se nossos movimentos forem mais rápidos do que os do inimigo, então nós podemos nos retirar em segurança.

11. Se nós desejarmos a luta, então nós podemos desafiar o inimigo, mesmo se ele houver se entrincheirado atrás de altos diques e fossos profundos. Nós precisamos apenas atacar um outro lugar, para cuja defesa ele tenha de se deslocar.

12. Se nós não desejarmos lutar, então nós podemos impedir o inimigo de nos atacar, mesmo se nosso acampamento quase não estiver fortificado. Nós precisamos apenas pôr impedimentos em seu caminho.

13. Examinando as precauções do inimigo e permanecendo, contudo, invisíveis, nós

podemos manter nossas forças unidas, enquanto o inimigo é obrigado a dividir as suas.

14. Nós permanecemos unidos, enquanto o inimigo se dispersa. No encontro nós somos fortes e ele é fraco.

15. E se nós avançarmos contra ele com nossa superioridade numérica, então ele está mal.

16. O lugar que nós previmos para a batalha deveria permanecer oculto para ele, pois então ele é obrigado a se preparar para diversas cenas possíveis; ele tem de dividir reiteradamente suas forças, e nós temos de lutar sempre apenas contra um inimigo fraco.

17. Pois se o inimigo concentrar suas forças na frente, ele é fraco atrás; se concentrar suas forças atrás, ele é fraco na frente; se reforçar sua ala esquerda, ele é fraco do lado direito; se reforçar sua ala direita, ele é fraco do lado

esquerdo. Se enviar suas tropas para todas as partes, ele é fraco em toda parte.

18. Fraco é aquele que tem de se armar contra possíveis ataques. Forte é aquele que obriga o inimigo a se armar contra ele.

19. Se nós conhecermos o lugar e o tempo da batalha que está por vir, então podemos reunir nossas forças de todas as partes.

20. Se não conhecermos nem o lugar nem o tempo, então a ala direita não pode apoiar a esquerda, a esquerda não pode apoiar a direita, a vanguarda não pode apoiar a retaguarda e a retaguarda não pode apoiar a vanguarda. Tanto mais, quando as partes extremas da tropa estão distantes uma da outra até cem li e mesmo as mais próximas ainda estão distantes vários li uma da outra.

21. Embora segundo minha avaliação os soldados de Yue sejam numericamente superiores aos nossos, nem por isto se elevam

ainda suas chances de vitória. Por isto eu digo: nós podemos vencê-los.

22. Mesmo sendo o inimigo numericamente mais forte, nós podemos impedi-lo de lutar. Nós temos de descobrir seus planos e analisar suas chances de vitória.

23. Nós temos de provocá-lo e conhecer seus modos de reação. Nós temos de obrigá-lo a revelar seus pontos fracos.

24. Nós temos de comparar seu exército com o nosso a fim de conhecer as respectivas forças e fraquezas.

25. A suprema arte tática consiste em manter de tal modo em segredo as próprias preparações, que nenhum espião e nenhuma inteligência possam sondá-las.

26. Enquanto nós orientarmos nosso comportamento pelo comportamento do inimigo, o inimigo não conhecerá nossa tática.

27. Alguém vê como nós vencemos, porém ninguém pode prever como nós alcançaremos a próxima vitória.

28. Se uma tática nos houver ajudado a alcançar uma vitória, então nós não podemos repeti-la. Pelo contrário, nós deveríamos orientar sempre de novo a tática pela situação.

29. Tática militar é como a água, a qual em seu curso natural evita os lugares altos e sempre tende para baixo.

30. Também na guerra vale evitar o forte e atacar o fraco.

31. A água forma seu curso conforme o chão sobre o qual ela flui; o combatente orienta sua tática de vitória pelo comportamento do inimigo.

32. Assim como a água não conserva sua forma, assim também na condução de uma guerra não há duas situações iguais.

33. O comandante nato sabe, portanto, vencer ao orientar sua tática pelo comportamento do inimigo.

34. Os cinco elementos (água, fogo, madeira, metal e terra) nem sempre estão igualmente presentes; as quatro estações alternam-se. Há dias curtos e dias longos; a lua mingua e cresce novamente.

VII. Manobras

1. Diz Sun Tzu: Na guerra o comandante recebe suas ordens do governante do Estado.

2. Depois de haver reunido suas tropas, ele tem de articular entre si seus diversos elementos e compor com eles um todo.

3. A seguir ele tem de dedicar-se às manobras táticas, o que é simplesmente a mais difícil das tarefas. Nisto ele tem de transformar desvio em atalho e desvantagem em vantagem.

4. A arte de desvio e atalho se mostra no seduzir o inimigo com iscas, no fazer um desvio a fim de partir mais tarde, porém estar mais cedo no local do acontecimento.

5. Manobras táticas com um exército são vantajosas, de um lado, e, de outro lado, são perigosas.

6. Se o exército inteiro avançar coeso, então possivelmente a posição vantajosa é alcançada tarde demais. Se apenas uma unidade móvel avançar, então ela perde a ligação com a bagagem.

7. Se nós ordenarmos aos nossos homens que enrolem as armaduras e marchem dia e noite a fim de perfazerem o dobro do percurso usual e alcançarem uma posição vantajosa com uma distância de cem li, então no final os comandantes de nossas três divisões cairão nas mãos do inimigo.

8. Os homens mais fortes marcharão à frente, os mais fracos ficarão para trás, e assim apenas a décima parte do exército alcançará a meta.

9. Se nós marcharmos cinquenta li a fim de despistarmos o inimigo, então nós perdemos

o comandante da primeira divisão e apenas a metade de nossos homens alcançará a meta.

10. Se a distância for trinta li, então dois terços dos homens alcançarão a meta.

11. O exército está perdido sem sua bagagem; ele está perdido sem mantimentos; ele está perdido sem reforços.

12. Nós não podemos firmar quaisquer pactos enquanto não conhecermos as intenções de nossos vizinhos.

13. Nós não podemos conduzir um exército através de um país sem estarmos familiarizados com sua realidade – suas montanhas e florestas, perigos e inviabilidades, pântanos e lamaçais.

14. Sem a ajuda da população local nós não podemos tirar proveito das possibilidades da geografia.

15. A condução bem-sucedida de uma guerra repousa sobre camuflagem e engano.

16. A situação tem de decidir se nós dividimos ou reunimos nossas tropas.

17. Nós vamos velozes como o vento ou marchamos comedidamente como a floresta.

18. Nós pilhamos como o fogo ou ficamos parados como a montanha.

19. Nossos planos são obscuros e impenetráveis como a noite e nosso assalto é como o trovão.

20. Se nós saquearmos uma região, então dividimos a presa entre nossos homens; se conquistarmos um novo território, damos a cada um a sua parte.

21. Convém ponderar de antemão cada passo criteriosamente.

22. Quem domina a arte dos caminhos longos e dos caminhos curtos, vencerá. Isto é a essência da manobra tática.

23. Está escrito no *Livro da Administração Militar*: no campo de batalha a palavra proferida não é levada bastante longe – daí o emprego de gongos e tambores. Também objetos usuais não podem ser claramente reconhecidos – daí o emprego de estandartes e bandeiras.

24. Com gongos e tambores, estandartes e bandeiras, é possível direcionar a atenção das tropas para um determinado ponto.

25. Se as tropas estiverem assim unidas, então nem o corajoso pode se precipitar sozinho, nem o covarde pode sozinho ficar para trás. Assim podem ser conduzidos grandes exércitos.

26. Utiliza à noite sinal de fogo e tambores e durante o dia bandeiras e estandartes a fim de influenciares teus homens.

27. Um exército inteiro pode perder seu espírito de luta; um comandante pode perder sua prudência.

28. O espírito de luta dos soldados é maior pela manhã; pelo meio-dia ele se arrefece; à noite os soldados só pensam em retornar ao acampamento.

29. Um comandante sagaz desvia-se do inimigo quando o espírito de luta deste é grande e ataca quando o inimigo está cansado e pensando em voltar para casa. Assim nós tomamos em consideração o espírito de luta.

30. Esperar com disciplina e tranquilidade que irrompam desordem e tumulto no acampamento inimigo – eis a arte da prudência.

31. Alcançar a meta quando o inimigo ainda está longe, esperar descontraído quando o inimigo se esforça e se atormenta, alimentar-se

bem quando o inimigo passa fome – nisto se mostra o trato sagaz com as forças.

32. Não deter um inimigo cujos estandartes estão em perfeita ordem e não atacar um exército que marcha tranquilo e confiante – isto significa ajustar-se à situação.

33. É uma regra militar não atacar o inimigo montanha acima e não se pôr em seu caminho quando ele se move montanha abaixo.

34. Não ataques o inimigo enquanto ele simula uma fuga; não ataques quaisquer soldados cujo espírito de luta é grande.

35. Se o inimigo lançar iscas, não as mordas. Se um exército estiver voltando para casa, não o detenhas.

36. Se cercares um exército, deixa livre uma saída. Não pressiones em demasia um inimigo desesperado.

VIII. Variantes táticas

1. Diz Sun Tzu: Na guerra o comandante recebe suas ordens do governante; ele reúne seu exército e concentra suas forças.

2. Não acampes em um solo dificultoso. Em um solo estratégico une-te com teus aliados. Não te demores em uma posição isolada. Se estiveres cercado, usa de astúcia. Se estiveres em uma situação sem saída, luta.

3. Há estradas que tu não deverias trilhar, exércitos que tu não deverias atacar, cidades que tu não deverias sitiar, posições que tu não deverias disputar com o inimigo e ordens do governante que tu não deverias seguir.

4. O comandante que conhece as vantagens de uma tática variada sabe conduzir suas tropas.

5. O comandante que não as conhece, por mais familiarizado que esteja com a geografia do país, não sabe pôr em prática o seu saber.

6. Mesmo que alguém conheça também as cinco vantagens, enquanto não dominar a arte da tática variada não é capaz de empregar do melhor modo seus homens.

7. Por isto o comandante experiente toma em consideração igualmente vantagens e desvantagens.

8. Ao tomar em consideração as vantagens, ele torna seu plano exequível; ao tomar em consideração as desvantagens, ele evita algum possível infortúnio.

9. Se, no entanto, mesmo na mais difícil das situações nós estivermos dispostos a fazer uso de possíveis vantagens, então podemos o quanto possível nos libertar da maior infelicidade.

10. Mantém vizinhos hostis sob limites ao lhes causares danos; mantém-nos ocupados ao lhes causares aborrecimentos; lança iscas para os dirigires.

11. A arte da guerra nos ensina a não confiarmos que o inimigo não vem, e sim que estamos prontos para o receber; não confiarmos na chance de ele não atacar, e sim em havermos tornado nossa posição invulnerável.

12. Cinco qualidades perigosas pode ter um comandante: (1) arrogância, que traz destruição; (2) covardia, que conduz à prisão; (3) temperamento acalorado, que facilmente se ofende; (4) reverência, que tende à humildade; (5) solicitude para com seus soldados, que o torna excessivamente cauteloso.

13. Estes são os cinco pecados de um comandante, os quais aniquilam sua aptidão.

14. Se um exército for vencido e seu comandante for morto, então com certeza o motivo é uma dessas cinco perigosas qualidades. Por isto é importante tomá-las em consideração.

IX. O exército em marcha

1. Diz Sun Tzu: Se um exército tomar posição perante o inimigo, valem então as seguintes regras: atravessa montanhas com rapidez e busca a proximidade dos vales.

2. Monta teu acampamento em solo elevado, ensolarado. Nunca lutes montanha acima. Era o que se havia a dizer a respeito da condução da guerra em terreno montanhoso.

3. Afasta-te rapidamente de rios depois de os haveres atravessado.

4. Se um inimigo invasor, ao avançar, atravessar um rio, tu não deverias ir de encontro a ele no meio do rio. Espera até que a metade

de seu exército tenha atravessado o rio e então ataca.

5. Se quiseres lutar, então não deverias ir de encontro ao inimigo invasor na proximidade de um rio que ele esteja obrigado a atravessar.

6. Estabelece teu acampamento em solo elevado, ensolarado. Não vás de encontro ao inimigo corrente acima. Era o que se havia a dizer a respeito da condução de uma guerra próximo a um rio.

7. Se atravessares pântanos salinizados, apressa-te o quanto puderes.

8. Se te deparares com o inimigo em pântanos salinizados, então deverias aproximar-te de água e grama, onde tenhas árvores atrás de ti. Era o que se havia a dizer a respeito da condução de uma guerra em pântanos salinizados.

9. Em solo seco, plano, tu deverias tomar uma posição facilmente acessível com ele-

vações à direita e atrás de ti, de modo que o perigo esteja à frente e a segurança esteja atrás. Era o que se havia a dizer a respeito da condução de uma guerra em solo plano.

10. Estas quatro regras militares possibilitaram ao Imperador amarelo vencer quatro governantes vizinhos.

11. Todos os exércitos preferem situações altas às baixas e lugares ensolarados aos sombrios.

12. Se tu deixares teus homens acampar em lugares seguros e protegidos, eles estão livres de numerosas doenças e tu vencerás.

13. Se chegares em elevações ou barreiras, acampa no lado ensolarado, de modo que a elevação se encontre à direita atrás de ti. Disto tiram proveito teus soldados e tu podes fazer uso das vantagens da situação geográfica.

14. Se em consequência de chuva um rio que tu pretendes atravessar houver se elevado,

tu tens de esperar até que tenha baixado o nível da água.

15. Deverias evitar e abandonar o mais rapidamente possível regiões com rochedos íngremes e riachos caudalosos, depressões profundas, becos sem saída naturais, florestas impenetráveis, pântanos e fendas.

16. Se nos mantivermos distantes também de tais lugares, então deveríamos atrair para lá o inimigo. Se os tivermos perante nós, então o inimigo deveria tê-las atrás de si.

17. Se na proximidade de teu acampamento se encontrarem um terreno acidentado, lagos cercados de plantas aquáticas, depressões cobertas de grama ou florestas com matagal espesso, então tu tens de inspecioná- los cuidadosamente, pois eles se oferecem como emboscadas e esconderijos naturais para espiões.

18. Se o inimigo estiver por perto e permanecer tranquilo, então ele está confiando na força natural de sua posição.

19. Se ele se mantiver distante e tentar provocar uma luta, então ele quer que tu avances.

20. Se sua posição for facilmente acessível, então ele lança uma isca.

21. Movimentos entre as árvores de uma floresta mostram que o inimigo está avançando. Se em uma grama espessa se puder ver muitos escudos, então ele quer nos atrair para uma falsa trilha.

22. Pássaros levantando voo indicam uma emboscada. Animais assustados indicam um ataque repentino.

23. Uma coluna alta de poeira é um sinal de carros avançando; uma nuvem baixa, extensa, de poeira indica uma infantaria avançando.

Se a poeira se mover em diversas direções, então foram enviados grupos de pessoas em busca de lenha. Nuvens de poeira isoladas movendo-se para lá e para cá indicam que um acampamento está sendo montado.

24. Palavras abafadas e preparações intensas indicam que o inimigo irá avançar. Palavras fortes e movimento aparentemente direcionado para frente indicam uma retirada.

25. Se os carros leves aparecerem por primeiro e ocuparem os flancos, então o inimigo está se preparando para a batalha.

26. Ofertas de paz sem um pacto substancial indicam alguma astúcia.

27. Uma correria frenética e o posicionamento de soldados em fileiras indicam que chegou o momento decisivo.

28. Se alguns avançarem enquanto os outros se retiram, então trata-se de alguma astúcia.

29. Se os soldados se apoiarem sobre suas lanças, então eles estão abatidos pela fome.

30. Se aqueles que foram enviados em busca d'água forem eles mesmos os primeiros a beber, então o exército está com sede.

31. Se o inimigo reconhecer uma posição vantajosa e não fizer qualquer menção de ocupá-la, então os soldados estão esgotados.

32. Se os pássaros se reunirem em um lugar, então ele não está ocupado. Barulho na noite indica nervosismo.

33. Se no acampamento reinar intranquilidade, então está fraca a autoridade do comandante. Se estandartes e bandeiras forem conduzidos para lá e para cá, então está se anunciando um motim. Se os oficiais estiverem descontentes, então isto indica esgotamento.

34. Se o exército matar os cavalos a fim de os comer, já não tem mais mantimentos; se os

homens deixarem para trás seus utensílios de cozinha, então eles estão desesperados e dispostos a se defender até à morte.

35. A visão de soldados cochichando entre si em pequenos grupos indica tensões entre os vários escalões.

36. Recompensas por demais frequentes mostram que o inimigo está em apuros. Castigos por demais frequentes mostram que ele está na miséria.

37. Quem, de início, avança precipitadamente e a seguir se apavora perante a superioridade numérica do inimigo dá prova de falta de conhecimento da situação.

38. Se forem enviados mensageiros com palavras lisonjeiras, então o inimigo está desejando um armistício.

39. Se as tropas do inimigo marcharem furiosas para, a seguir, ficarem por longo

tempo perante as nossas sem avançarem ou recuarem, então se recomenda extrema vigilância.

40. Se nossas tropas não forem superiores ao inimigo também numericamente, isto não é nenhum motivo para preocupação; apenas não podemos atacar imediatamente. Em vez disto nós podemos concentrar nossas forças, observar rigorosamente o inimigo e buscar reforço.

41. Quem é imprudente e subestima o inimigo, corre o risco de derrota.

42. Se castigares os soldados antes de eles haverem desenvolvido um sentimento de vínculo para contigo, então eles não te obedecerão e serão praticamente inúteis. Se eles se sentirem vinculados a ti e tu não os castigares, então eles serão igualmente inúteis.

43. Vincula os soldados a ti por meio de um tratamento humano e conduze-os com

férrea disciplina. Assim a vitória te estará assegurada.

44. Se no treinamento militar forem constantemente impostas ordens, então reina disciplina no exército. De outro modo se amplia a indisciplina.

45. Se o comandante der prova de confiança em seus homens e ao mesmo tempo insistir no seguimento de suas ordens, então ambas as partes tiram proveito disto.

X. Terreno

1. Diz Sun Tzu: Nós distinguimos seis tipos de terreno: (1) terreno aberto; (2) terreno fechado; (3) terreno desvantajoso; (4) passagens estratégicas; (5) terreno íngreme; (6) terreno distante.

2. Um terreno se chama aberto quando é livremente acessível para ambos os lados.

3. Tenta alcançar antes do inimigo um tal terreno a fim de ocupares os lugares mais elevados e ensolarados, e põe em segurança tuas linhas de reforço. Então estás em condição de lutar com êxito.

4. Um terreno se chama fechado quando é fácil abandoná-lo, porém é difícil ocupá-lo.

5. De uma tal posição tu podes atacar com êxito um inimigo despreparado. Se, no en-

tanto, o inimigo estiver preparado para tua vinda e tu não o puderes vencer, então tu estás em perigo, pois que uma retirada não é possível.

6. Um terreno se chama desvantajoso quando é de tal tipo que nenhuma das partes leva vantagem quando o ocupa por primeiro.

7. Não deveríamos avançar em uma tal posição mesmo que o inimigo nos atraísse com iscas. Pelo contrário, nós deveríamos nos retirar a fim de movermos o inimigo a avançar; quando ele houver avançado parcialmente, então nós podemos atacá-lo.

8. Se estiveres em condição de ocupar por primeiro uma passagem estratégica, então deverias assegurar-te dela com toda força e ali esperar pelo inimigo.

9. Se o inimigo conseguir alcançar por primeiro a passagem, então não deverias se-

gui-lo enquanto a passagem estiver bem assegurada, mas apenas quando ela estiver fracamente ocupada.

10. Se alcançares um terreno íngreme antes do inimigo, então deverias ocupar os lugares mais elevados e ensolarados e ali esperar pelo inimigo.

11. Se o inimigo chegar ali primeiro, então não deverias segui-lo, mas retirar-te e tentar astuciosamente tirá-lo de sua posição.

12. Se for grande a distância até o inimigo e os dois exércitos forem igualmente fortes, então não é fácil provocar uma luta, e essa luta te será no final desvantajosa.

13. Estes são os seis princípios em relação ao terreno. O comandante consciencioso deveria estudá-los criteriosamente.

14. Um exército está exposto a seis perigos, os quais têm sua origem exclusivamente no

comportamento do comandante: (1) fuga; (2) desobediência; (3) colapso; (4) ruína; (5) caos; (6) derrota.

15. Se os próprios homens forem enviados contra um inimigo dez vezes mais forte, então eles inevitavelmente empreenderão a fuga.

16. Se os soldados comuns forem fortes demais e os oficiais forem fracos demais, então se chega à desobediência. Se os oficiais forem fortes demais e os soldados comuns forem fracos demais, então a consequência é o colapso.

17. Se os oficiais mais graduados estiverem insatisfeitos e desobedientes e, ao se encontrarem com o inimigo, lutarem por conta própria, antes de o comandante saber se um ataque é exequível, então isso leva à ruína.

18. Se o comandante for fraco e sem autoridade, se suas ordens forem contraditórias, se os oficiais e soldados não tiverem compe-

tências claras e as fileiras andarem a esmo, então se chega ao caos.

19. Se o comandante não estiver em condição de avaliar corretamente a força do inimigo, vindo assim a pôr em campo uma tropa mais fraca contra uma mais forte, e deixar de pôr à frente bons homens, então isto termina em uma derrota.

20. Estas são as seis espécies de infortúnio que o comandante consciencioso deveria estudar criteriosamente.

21. Os dados naturais do terreno são os melhores aliados do soldado. A arte do comandante mostra-se, porém, em sua capacidade de avaliar corretamente o inimigo, conquistar vitórias e julgar fidedignamente dificuldades, perigos e distâncias.

22. Quem está familiarizado com essas coisas e sabe fazer uso delas na luta, ganhará suas

batalhas. Quem não está familiarizado ou não sabe fazer uso disto, perderá.

23. Se uma luta levar com segurança à vitória, então tu tens de lutar, mesmo se o governante te proibir; se uma luta não tiver qualquer chance de êxito, então tu não podes lutar, mesmo se o governante te ordenar.

24. O comandante que avança sem buscar sua própria fama e recua sem medo de que zombem dele e cuja aspiração está direcionada exclusivamente a defender seu país e servir a seu governante, esse é a joia do reino.

25. Se tu encarares teus soldados como teus filhos, então eles te seguirão até o vale mais profundo; se tu vires neles teus filhos amados, eles permanecerão a teu lado até a morte.

26. Se tu fores indulgente e bondoso, porém sem autoridade e capacidade de te impores, e se não tiveres sob controle teu exército,

então teus soldados serão como crianças mimadas e tu não podes contar com eles.

27. Se nós soubermos que nossos homens estão prontos para o ataque, porém não percebermos que o inimigo é de fato invulnerável, então isto é apenas a metade da vitória.

28. Se nós soubermos que o inimigo é vulnerável, porém não percebermos que nossos homens não estão de fato prontos para o ataque, então isto é apenas a metade da vitória.

29. Se nós soubermos que o inimigo é vulnerável e que nossos homens estão prontos para o ataque, porém não percebermos que os dados do terreno tornam impossível um ataque, então isto é igualmente apenas a metade da vitória.

30. O combatente experiente não se deixa desconcertar tão logo se tenha posto em movimen-

to; ele apenas se retira de seu acampamento quando está seguro de sua causa.

31. Por isto se diz: se tu conheceres o inimigo e conheceres a ti mesmo, então sem dúvida vencerás; se tu conheceres o céu e conheceres a terra, então tua vitória será total.

XI. As nove situações

1. Diz Sun Tzu: A arte da guerra conhece nove tipos de terreno: (1) terreno dispersivo; (2) terreno fácil; (3) terreno disputado; (4) terreno aberto; (5) terreno estratégico; (6) terreno crítico; (7) terreno difícil; (8) terreno cercado; (9) terreno sem saída.

2. Se um comandante estiver lutando em seu próprio território, então nós falamos de terreno dispersivo.

3. Se ele se mover em território inimigo, sem adentrá-lo profundamente, então nós falamos de terreno fácil.

4. Um terreno cuja posse para ambos os lados está vinculada a grandes vantagens nós designamos como disputado.

5. Um terreno sobre o qual ambos os lados podem se mover livremente se chama aberto.

6. Um terreno que tem uma importância estratégica para três estados vizinhos, de modo que aquele que o ocupar por primeiro controla grandes partes do reino, chama-se estratégico.

7. Se um exército adentrar profundamente um território inimigo e atrás dele se encontrarem várias cidades fortificadas, então ele se encontra em um terreno crítico.

8. Um terreno difícil abrange todo terreno que é difícil de se atravessar: montanhas e florestas, passagens e barrancos, pântanos e charcos.

9. Um terreno com acessos dificilmente transitáveis, do qual nós apenas podemos sair por meio de atalhos sinuosos, de modo que poucas forças inimigas são suficientes para aniquilar

muitos dos nossos próprios homens, chama-se cercado.

10. Um terreno no qual nós apenas podemos nos salvar lutando imediatamente chama-se sem saída.

11. Não lutes em terreno dispersivo. Não te demores em terreno fácil. Não ataques em terreno disputado.

12. Não tentes pôr-te no caminho do inimigo em terreno aberto. Em terreno estratégico faze coisas em comum com teus aliados.

13. Se estiveres em terreno crítico, saqueia-o. Se te encontrares em terreno difícil, marcha sempre para a frente.

14. Em terreno cercado faze uso de alguma astúcia. Luta em terreno sem saída.

15. Os combatentes experientes de outrora sabiam semear discórdia entre partes dian-

teiras e as partes traseiras, as partes grandes e as partes pequenas das tropas do inimigo; eles sabiam impedir que as boas unidades viessem em auxílio das más ou que os oficiais reunissem a seu redor os seus homens.

16. Se os soldados do inimigo estivessem reunidos em um lugar, eles sabiam criar desordem entre eles.

17. Se fosse vantajoso, eles avançavam; do contrário, eles permaneciam onde estavam.

18. Se me perguntassem como tu tens de enfrentar um inimigo forte e bem ordenado que está prestes a te atacar, eu responderia: apossa-te de algo que lhe é caro, e ele estará a teu dispor.

19. Velocidade é a chave para a condução de uma guerra: tira proveito do despreparo do inimigo, adentra caminhos inesperados e ataca-o onde ele estiver desprotegido.

20. Quando pisares em território estranho, tu tens de observar os seguintes princípios: quanto mais profundamente adentrares, tanto maior é a solidariedade entre teus homens e tanto mais difícil é a teus adversários se defenderem.

21. Empreende incursões em regiões frutíferas a fim de proveres teu exército de mantimentos.

22. Cuida do bem-estar de teus homens e não exijas demais deles. Concentra tua energia e poupa tuas forças. Mantém teu exército permanentemente em movimento e segue estratégias indecifráveis.

23. Põe teus soldados em situações das quais não haja possibilidade de fuga; assim eles lutarão por sua vida, em vez de fugir. Tão logo se virem face a face com a morte, não há nada que eles não possam alcançar. Oficiais e soldados darão tudo de si.

24. Tão logo os soldados se encontrarem em uma situação de desespero, eles perdem todo temor. Tão logo não haja como escapar, eles mantêm ferreamente a posição. Em chão inimigo eles mostram a maior firmeza. Não podendo esperar por qualquer ajuda, eles lutam obstinadamente.

25. Também sem exortação os soldados estarão sempre vigilantes; também sem serem intimados eles farão o que tu esperas deles; também sem sanções eles te servirão fielmente; também sem ordens tu podes confiar neles.

26. Proíbe práticas supersticiosas e impede falsos rumores. Então eles deixarão de temer até mesmo a morte.

27. Se nossos soldados não forem cumulados de dinheiro, não será porque o desprezam; se sua vida não durar excessivamente, não será porque eles não querem viver longamente.

28. No dia em que tu os chamares para a batalha, teus soldados podem chorar e molhar com suas lágrimas suas roupas, estando sentados, ou suas faces, estando deitados. Porém tão logo tu os puseres em situação sem saída, eles provarão ter a coragem de um Zhu ou de um Gui.

29. Um exército bem conduzido é como a *shuairan*. A *shuairan* é uma serpente das montanhas do Chang. Se tu bateres em sua cabeça, ela te ataca com a cauda. Se tu bateres em sua cauda, ela te ataca com a cabeça. Se tu bateres no meio dela, ela te ataca com cabeça e cauda ao mesmo tempo.

30. Se me perguntassem se um exército pode ser como a *shuairan*, eu responderia: sim. Embora os homens de Wu e os homens de Yue sejam inimigos entre si, eles atravessam o rio juntos em um barco e, se vier uma tormenta, eles se ajudarão mutuamente como a mão esquerda ajuda a direita.

31. Não basta amarrar cavalos e enterrar no chão as rodas dos carros.

32. Pelo contrário, na condução de uma guerra é necessário estabelecer um modelo comum de coragem.

33. Tu tens de fazer sempre o melhor a partir das condições geográficas mais favoráveis e das mais desfavoráveis.

34. O comandante experiente conduz com mão firme seu exército, como se este fosse um homem.

35. O comandante tem de ser discreto para que suas intenções permaneçam ocultas; ele tem de ser firme e justo para que seus homens lhe obedeçam.

36. Ele tem de saber enganar os ouvidos e os olhos de seus oficiais e soldados, para que es-

tes não tomem qualquer conhecimento de seus planos.

37. Ele tem de modificar continuamente suas ações e seus planos, para que o inimigo não os compreenda. Ao mudar de acampamento e trilhar caminhos sinuosos, ele impede o inimigo de conhecer suas intenções.

38. No momento decisivo o comandante age como alguém que subiu uma elevação e joga fora a escada atrás de si. Ele conduz seus homens até bem dentro do país inimigo antes de revelar seu plano.

39. Ele incendeia seus navios e destrói seus utensílios de cozinha; assim como o pastor conduz seu rebanho de ovelhas, assim ele conduz seus homens para cá e para lá, e ninguém conhece a meta.

40. Reunir seu exército e expô-lo ao perigo – eis a verdadeira tarefa do comandante.

41. O comandante tem de estudar criteriosamente as nove situações e a conveniência do agir ofensivo e do defensivo.

42. Em relação ao penetrar em território inimigo vale o seguinte: quanto mais profundamente tu penetrares, tanto mais fortes são as forças que sustentam teu exército.

43. Tão logo abandonas teu país e conduzes teu exército através do país vizinho, tu estás em terreno crítico. Se houver caminhos de ligação para todos os quatro lados, tu te encontras em terreno estratégico.

44. Se penetrares profundamente em um país, trata-se de terreno sério. Se penetrares apenas um pouco, tu te encontras em terreno fácil.

45. Se tu tiveres atrás de ti as fortificações do inimigo e à tua frente passagens estreitas, trata-se de terreno cercado. Se não houver

como escapar, tu te encontras em terreno sem saída.

46. Por isto, em um terreno dispersivo eu aliaria meus homens no sentido de uma meta comum. Em terreno fácil eu me esforçaria pela unidade do exército.

47. Em terreno disputado eu acionaria minha retaguarda.

48. Em terreno aberto eu cuidaria de minha defesa. Em terreno estratégico eu fortificaria minhas alianças.

49. Em terreno sério eu tentaria pôr em segurança meus reforços. Em terreno difícil eu marcharia para frente.

50. Em terreno cercado eu bloquearia qualquer possibilidade de recuo. Em terreno sem saída eu exporia aos meus soldados que a situação não tem saída.

51. Pois pertence à natureza do soldado resistir obstinadamente tão logo se veja cercado, lutar bravamente quando não há saída e obedecer tão logo esteja em perigo.

52. Não podemos estabelecer quaisquer pactos com nossos vizinhos enquanto não conhecermos suas intenções. Não podemos conduzir um exército através de um país enquanto não estivermos familiarizados com sua geografia – com suas montanhas e florestas, perigos e inviabilidades, pântanos e charcos. Sem a ajuda de comandantes locais nós não podemos tirar proveito das vantagens dos dados geográficos.

53. Um príncipe guerreiro tem de tomar em consideração os seguintes princípios:

54. Se atacares um Estado poderoso, impede então que o inimigo possa reunir suas forças. Intimida teus adversários, para que eles não se aliem contra ti.

55. Não tentes aliar-te com governantes vizinhos nem fortalecê-los. Em vez disto, segue teus planos ocultos e intimida teus adversários. Assim tu estás em condição de conquistar suas cidades e arruinar seus reinos.

56. Recompensa sem regra e ordena sem sistema. Assim tu podes conduzir um exército como se ele fosse um homem.

57. Conduze teus homens com teu agir, porém não lhes reveles teus planos; confronta-os com o perigo, porém não lhes reveles o benefício.

58. Lança-os em uma situação sem saída, e eles sobreviverão. Precipita-os em desespero, e eles se salvarão.

59. Pois somente quando um exército está em apuros é que ele está em condição de alcançar a vitória decisiva.

60. O êxito na condução de uma guerra exige que nós investiguemos criteriosamente as intenções do inimigo.

61. Permanecendo o tempo todo no calcanhar do inimigo, nós conseguimos, no final, matar o comandante.

62. Isto é um exemplo de como a astúcia conduz ao êxito.

63. No dia em que assumires o comando, tu tens de bloquear as fronteiras e proibir o intercâmbio de emissários.

64. Sê implacável na Assembleia de Conselheiros, a fim de permaneceres senhor da situação.

65. Se o inimigo deixar uma porta aberta, assalta.

66. Antecipa-te ao inimigo apossando-te daquilo que lhe é caro, e escolhe o momento com cuidado.

67. Vai pelo caminho que a regra prescreve, e familiariza-te com o inimigo até poderes vencer a batalha decisiva.

68. Mostra inicialmente a reserva de uma donzela até que o inimigo te abra a porta. Sê então desembaraçado como uma lebre, para que o inimigo não possa se opor a ti.

XII. Ataque por meio de fogo

1. Diz Sun Tzu: Há cinco modos de atacar por meio do fogo. O primeiro é queimar os soldados em seu acampamento; o segundo é queimar seus mantimentos; o terceiro é queimar seus equipamentos; o quarto é queimar seus arsenais; o quinto é jogar fogo entre as fileiras inimigas.

2. Para atacar por meio do fogo são necessários determinados materiais. Tu deverias tê-los constantemente armazenados.

3. Determinados tempos e dias são especialmente apropriados para um ataque por meio de fogo.

4. Tempo seco é vantajoso. São especialmente apropriados aqueles dias em que a lua está sob o signo da peneira, da muralha, da asa ou do estribo; pois esses são os dias do vento.

5. Ao atacares com fogo, tu deverias te preparar para cinco possíveis desenvolvimentos:

6. (1) se irromper fogo no acampamento do inimigo, responde de imediato com um ataque de fora;

7. (2) se irromper fogo e o inimigo permanecer tranquilo, então não ataques, mas, aguarda;

8. (3) quando as chamas houverem alcançado o auge, ataca se te for possível e, do contrário, aguarda;

9. (4) se te for possível atacar de fora com fogo, não esperes que ele irrompa de dentro, mas escolhe um momento favorável para teu ataque;

10. (5) lança o fogo do lado do vento; não ataques contra o vento.

11. Um vento que sopra durante o dia perdura. Não se pode confiar em ventos noturnos.

12. Em todo exército deveriam ser conhecidos os cinco desenvolvimentos em conexão com o fogo; os movimentos dos astros deveriam ser avaliados e os dias apropriados deveriam ser tomados em consideração.

13. O emprego de fogo como apoio de um ataque é prova de inteligência; o emprego de água como apoio de um ataque é prova de força.

14. Por meio da água um inimigo pode ser detido, porém não pode ser despojado de suas posses.

15. Sombrio é o destino de alguém que ganha batalhas e executa ataques sem a seguir pôr em

segurança o alcançado, pois isto significa desperdício e atraso.

16. Por isto se diz: o governante sábio é prospectivo e o comandante experiente é consciencioso.

17. Movimenta-te apenas quando isto te trouxer um benefício; emprega tuas tropas apenas quando puderes ganhar alguma coisa; luta apenas quando a situação o exigir.

18. Nenhum governante deveria pôr tropas em campo por divertimento; nenhum comandante deveria vencer batalhas apenas por capricho.

19. Se te for vantajoso, avança. Do contrário, permanece onde estás.

20. Dissabor pode transformar-se em prazer, raiva pode transformar-se em satisfação.

21. Porém um reino destruído não pode ressurgir; e um morto não fica vivo novamente.

22. Por isto o governante sábio é cuidadoso e o comandante experiente é prudente. Assim permanece preservada a paz de um reino e seu exército permanece incólume.

XIII. O emprego de espiões

1. Diz Sun Tzu: Constituir um exército de cem mil homens e fazê-lo marchar por grandes distâncias custa muitas vidas humanas e é um peso para os cofres do Estado. As despesas diárias chegam a mil onças de prata. Dentro e fora do reino reina a intranquilidade, homens permanecem deitados, esgotados, à beira do caminho, e setecentas mil famílias não podem executar seu trabalho.

2. Os exércitos inimigos defrontam-se possivelmente anos a fio, até que finalmente um único dia decida sobre vitória ou derrota. Quem nessa situação sovina com remunerações de cem onças de prata, e não procede a um reconhecimento do inimigo, mostra a maior falta de humanidade.

3. Quem assim age não pode conduzir homens nem vir em auxílio de seu governante ou alcançar vitórias.

4. O que põe o governante sábio e o comandante experiente em condição de alcançar vitórias e realizar coisas que estão fora da capacidade de imaginação das massas é sua visão prospectiva.

5. Essa visão prospectiva não resulta de intuição nem de experiência ou de análise arguta.

6. Um tal saber sobre os dados referentes ao inimigo nós apenas podemos adquirir de outras pessoas.

7. Daí o emprego de espiões, dos quais há cinco classes: (1) espiões nativos; (2) espiões internos; (3) espiões desertores; (4) espiões descartáveis; (5) espiões sobreviventes.

8. Se estiverem em ação espiões dessas cinco classes, então ninguém sabe de sua ativi-

dade. Um sistema assim tão fantástico é o maior tesouro de qualquer governante.

9. Espiões nativos são nossos espiões entre a população inimiga.

10. Espiões internos são nossos espiões entre os oficiais inimigos.

11. Espiões desertores são espiões inimigos que nós camuflamos e utilizamos para nossos fins.

12. Espiões descartáveis são espiões inimigos em nossas fileiras, os quais nós conscientemente dotamos de informações falsas, para que eles as repassem ao inimigo.

13. Espiões sobreviventes são pessoas que retornaram do acampamento inimigo.

14. Por conseguinte, não convém manter com ninguém um contato tão estreito quanto com os espiões. Ninguém deveria ser mais gene-

rosamente remunerado. Em nenhum outro setor é mais importante a discrição.

15. Sem uma certa sabedoria intuitiva não é possível empregar espiões utilmente.

16. Sem amor humano eles não se deixam conduzir.

17. Quem quiser se convencer do teor de verdade de seus relatos precisa ter um fino dom de observação.

18. Atenta a cada detalhe e emprega espiões em todos os setores.

19. Se um espião revelar um segredo antes do tempo, ele tem de morrer junto com aqueles que o ouviram.

20. Seja que pretendas atacar um exército, conquistar uma cidade ou matar um ser humano, tu tens primeiramente de saber os nomes do

comandante em questão, de seus ajudantes, criados, porteiros e vigias. Para isto tu tens de empregar teus espiões.

21. Espiões que espionam junto a nós a serviço do inimigo têm de ser pegos e subornados, tomados à parte e hospedados confortavelmente. Assim eles se nos tornam dóceis e nós podemos fazer uso deles para nossos fins.

22. Apenas com ajuda desses espiões desertores nós estamos em condição de recrutar espiões nativos e espiões internos.

23. Apenas com sua ajuda nós podemos dotar espiões descartáveis de falsas informações.

24. Apenas com sua ajuda os espiões sobreviventes podem retornar e fazer relatório.

25. O objetivo do emprego dessas cinco classes de espiões é obter conhecimentos sobre o inimigo. O papel central é exercido aqui

pelo espião desertor. Por isto nós temos de tratar o espião desertor com o maior cuidado.

26. A ascensão da dinastia Yin remontou a Yi Zhi, que antes havia servido sob os Xia. A ascensão da dinastia Zhou deveu-se a Lu Ya, que havia servido sob os Yin.

27. Apenas o governante sábio e o comandante especialmente dotado sabem transformar os homens mais sagazes em seus espiões e com sua ajuda realizar grandes coisas. Espiões são de suma importância para o exército, pois que de seu agir depende a capacidade do exército de se movimentar.

Vozes de Bolso

- *Assim falava Zaratustra* – Friedrich Nietzsche
- *O Príncipe* – Nicolau Maquiavel
- *Confissões* – Santo Agostinho
- *Brasil: nunca mais* – Mitra Arquidiocesana de São Paulo
- *A arte da guerra* – Sun Tzu
- *O conceito de angústia* – Søren Aabye Kierkegaard
- *Manifesto do Partido Comunista* – Friedrich Engels e Karl Marx
- *Imitação de Cristo* – Tomás de Kempis
- *O homem à procura de si mesmo* – Rollo May
- *O existencialismo é um humanismo* – Jean-Paul Sartre
- *Além do bem e do mal* – Friedrich Nietzsche
- *O abolicionismo* – Joaquim Nabuco
- *Filoteia* – São Francisco de Sales
- *Jesus Cristo Libertador* – Leonardo Boff
- *A Cidade de Deus – Parte I* – Santo Agostinho
- *A Cidade de Deus – Parte II* – Santo Agostinho
- *O conceito de ironia constantemente referido a Sócrates* –
  Søren Aabye Kierkegaard
- *Tratado sobre a clemência* – Sêneca
- *O ente e a essência* – Santo Tomás de Aquino
- *Sobre a potencialidade da alma* – De quantitate animae –
  Santo Agostinho
- *Sobre a vida feliz* – Santo Agostinho
- *Contra os acadêmicos* – Santo Agostinho
- *A Cidade do Sol* – Tommaso Campanella
- *Crepúsculo dos ídolos ou Como se filosofa com o martelo* –
  Friedrich Nietzsche
- *A essência da filosofia* – Wilhelm Dilthey
- *Elogio da loucura* – Erasmo de Roterdã
- *Utopia* – Thomas Morus
- *Do contrato social* – Jean-Jacques Rousseau
- *Discurso sobre a economia política* – Jean-Jacques Rousseau
- *Vontade de potência* – Friedrich Nietzsche
- *A genealogia da moral* – Friedrich Nietzsche
- *O banquete* – Platão
- *Os pensadores originários* – Anaximandro, Parmênides, Heráclito
- *A arte de ter razão* – Arthur Schopenhauer
- *Discurso sobre o método* – René Descartes
- *Que é isto – A filosofia?* – Martin Heidegger
- *Identidade e diferença* – Martin Heidegger
- *Sobre a mentira* – Santo Agostinho
- *Da arte da guerra* – Nicolau Maquiavel
- *Os direitos do homem* – Thomas Paine
- *Sobre a liberdade* – John Stuart Mill

- *Defensor menor* – Marsílio de Pádua
- *Tratado sobre o regime e o governo da cidade de Florença* –
  J. Savonarola
- *Primeiros princípios metafísicos da Doutrina do Direito* –
  Immanuel Kant
- *Carta sobre a tolerância* – John Locke
- *A desobediência civil* – Henry David Thoureau
- *A ideologia alemã* – Karl Marx e Friedrich Engels
- *O conspirador* – Nicolau Maquiavel
- *Discurso de metafísica* – Gottfried Wilhelm Leibniz
- *Segundo tratado sobre o governo civil e outros escritos* – John Locke
- *Miséria da filosofia* – Karl Marx
- *Escritos seletos* – Martinho Lutero
- *Escritos seletos* – João Calvino
- *Que é a literatura?* – Jean-Paul Sartre
- *Dos delitos e das penas* – Cesare Beccaria
- *O anticristo* – Friedrich Nietzsche
- *À paz perpétua* – Immanuel Kant
- *A ética protestante e o espírito do capitalismo* – Max Weber
- *Apologia de Sócrates* – Platão
- *Da república* – Cícero
- *O socialismo humanista* – Che Guevara
- *Da alma* – Aristóteles
- *Heróis e maravilhas* – Jacques Le Goff
- *Breve tratado sobre Deus, o ser humano e sua felicidade* –
  Baruch de Espinosa
- *Sobre a brevidade da vida & Sobre o ócio* – Sêneca
- *A sujeição das mulheres* – John Stuart Mill
- *Viagem ao Brasil* – Hans Staden
- *Sobre a prudência* – Santo Tomás de Aquino
- *Discurso sobre a origem e os fundamentos da desigualdade entre
  os homens* – Jean-Jacques Rousseau
- *Cândido, ou o otimismo* – Voltaire
- *Fédon* – Platão
- *Sobre como lidar consigo mesmo* – Arthur Schopenhauer
- *O discurso da servidão ou O contra um* – Étienne de La Boétie
- *Retórica* – Aristóteles
- *Manuscritos econômico-filosóficos* – Karl Marx
- *Sobre a tranquilidade da alma* – Sêneca
- *Uma investigação sobre o entendimento humano* – David Hume
- *Meditações metafísicas* – René Descartes
- *Política* – Aristóteles

Conecte-se conosco:

- **f**   facebook.com/editoravozes
- **◉**   @editoravozes
- **🐦**   @editora_vozes
- **▶**   youtube.com/editoravozes
- **🟢**   +55 24 2233-9033

www.vozes.com.br

Conheça nossas lojas:

www.livrariavozes.com.br

Belo Horizonte – Brasília – Campinas – Cuiabá – Curitiba
Fortaleza – Juiz de Fora – Petrópolis – Recife – São Paulo

EDITORA VOZES LTDA.
Rua Frei Luís, 100 – Centro – Cep 25689-900 – Petrópolis, RJ
Tel.: (24) 2233-9000 – E-mail: vendas@vozes.com.br